Cocktails

Gaymanns Bargeflüster

> **Rezepte und Cartoons**

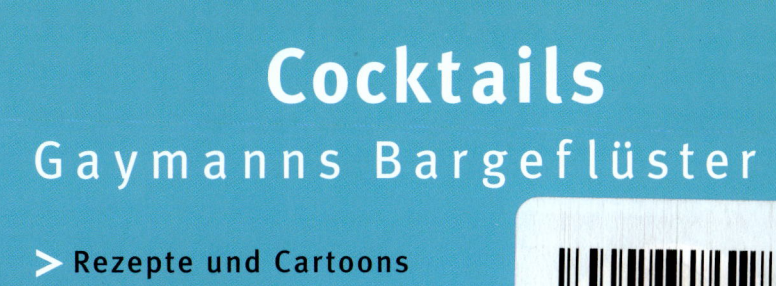

Inhalt

Happy Hour für zu Hause

Cocktails - wem fällt da nicht gleich der Anblick endloser Flaschenreihen in der Bar ein? So eine riesige Auswahl Spirituosen ist zwar durchaus chic, aber auch nicht zwingend notwendig. Schon mit einer kleinen Bar kann das Mixen zu Hause beginnen. Einfach mit den Cocktails aus dem Einsteiger-kapitel anfangen. Es reicht eine Spirituose für den Start. Und wenn's dabei nicht bleiben soll, zählt nur noch der eigene Geschmack: fruchtig - spritzig, sauer - bitter, cremig -sahnig oder doch lieber ohne Alkohol? Am besten gleich alle ausprobieren!

Einsteiger-Cocktails

Super einfach und schnell gemixt.
Cocktails, die gute Laune
machen und ganz sicher Lust
auf mehr. Jeder Cocktail
enthält nur eine Spirituose.
Wer also eine Mini-Hausbar
hat, findet hier für jede
Gelegenheit etwas:
trendigen "Caipirinha",
klassischen "Gin Tonic"
oder "Casablanca" -
das überraschende Rezept
mit Eierlikör. Und für die
scharfen Momente im Leben:
"Bloody Mary".

Kir und Kir Royal

ZUTATEN FÜR 1 DRINK

1 Tl Crème de Cassis
kalter trockener Weißwein

WAS SIE SONST NOCH BRAUCHEN

1 Weißweinglas

1 Einen Teelöffel Crème de Cassis (der Geschmack ist sehr ausgeprägt, also lieber vorsichtig dosieren) ins Glas geben und mit Weißwein aufgießen.
VARIANTE
Der **KIR ROYAL** wird genauso zubereitet wie der einfache Kir. Anstatt des Weißweines trockenen Sekt, oder wenn es noch edler sein soll Champagner, verwenden.

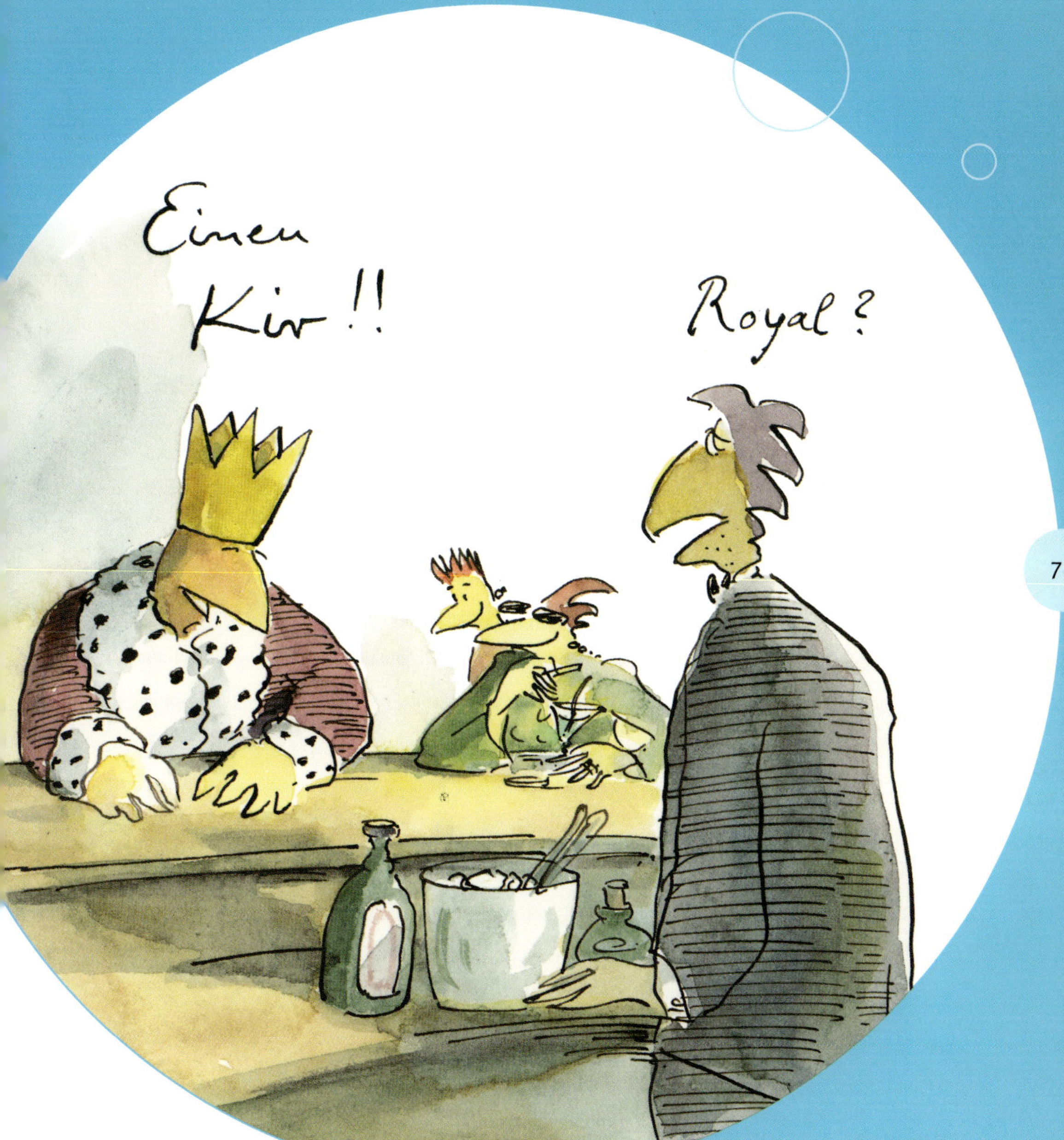
Einen Kir!!
Royal?

Cuba Libre

ZUTATEN FÜR 1 DRINK

1/2 Limette
4 cl weißer oder brauner Rum
Cola

ZUM GARNIEREN

1 Limettenscheibe

WAS SIE SONST NOCH BRAUCHEN

Eiswürfel
1 Longdrinkglas
Saftpresse
1 Strohhalm

1 Den Saft der halben Limette in der Saftpresse ausdrücken und beiseite stellen.

2 Das Eis ins Glas geben, den Limettensaft und den Rum dazugießen und randvoll mit Cola füllen.

3 Das Ganze noch mit einer Limettenscheibe garnieren und mit dem Strohhalm servieren.

Caipirinha

ZUTATEN FÜR 1 DRINK

1 Limette
6 cl Cachaça
1 EL brauner Zucker

WAS SIE SONST NOCH BRAUCHEN

gestoßenes Eis
1 übergroßes Whiskeyglas
Stößel
Barlöffel
2 Trinkhalme

1 Die Limette waschen, vierteln, den Saft in das Whiskeyglas ausdrücken und die Limettenstücke mit ins Glas geben.

2 Den braunen Zucker zugeben und mit dem Stößel die Limettenstücke im Glas nochmals kräftig ausdrücken.

3 Den Cachaça dazugießen. Mit dem Barlöffel gut umrühren.

4 Das Glas mit gestoßenem Eis auffüllen, nochmals gut umrühren und mit den Trinkhalmen servieren.

Campari Orange

ZUTATEN FÜR 1 DRINK
4 cl Campari
Orangensaft

ZUM GARNIEREN
1 Orangenscheibe

WAS SIE SONST NOCH BRAUCHEN
1 Longdrinkglas
Eiswürfel

1 In das Longdrinkglas einige Eiswürfel geben und den Campari dazugießen. Das Glas mit Orangensaft auffüllen und alles gut umrühren.

2 Die Orangenscheibe zum Garnieren an den Glasrand stecken.

Gin Tonic

ZUTATEN FÜR 1 DRINK
4 cl Gin
Tonic Water

ZUM GARNIEREN
1 Zitronen- oder Limettenscheibe

WAS SIE SONST NOCH BRAUCHEN
Eiswürfel
1 Longdrinkglas

1 Einige Eiswürfel ins Glas geben, den Gin darüber gießen und mit Tonic Water auffüllen.

2 Falls Sie noch Lust dazu haben, können Sie den Drink mit einer Scheibe Zitrone oder Limette garnieren.

Screwdriver

ZUTATEN FÜR 1 DRINK

4 cl Wodka
10 cl Orangensaft, möglichst frisch
ausgepresst

ZUM GARNIEREN

1 Orangenscheibe

1 Einige Eiswürfel ins Glas geben. Den Wodka darüber gießen. Mit dem Orangensaft auffüllen.

WAS SIE SONST NOCH BRAUCHEN

Eiswürfel
1 Longdrinkglas
1 Strohhalm

2 Die Orangenscheibe ins Glas legen und den Drink mit dem Strohhalm servieren.

Casablanca

ZUTATEN FÜR 1 DRINK

3 cl Wodka
2 cl Eierlikör
4 cl Zitronensaft
4 cl Orangensaft

ZUM GARNIEREN

1 Orangenscheibe

1 Einige Eiswürfel und alle Zutaten in den Shaker geben. Kräftig schütteln und in ein mit Eiswürfeln gefülltes Glas geben.

WAS SIE SONST NOCH BRAUCHEN

Eiswürfel
1 Longdrinkglas

2 Die Orangenscheibe einschneiden und an den Glasrand stecken.

Rusty Nail

4 cl Scotch
2 cl Drambuie (Whiskey-Likör)

Eiswürfel
1 Whiskeyglas
Barlöffel

1 Einige Eiswürfel in das Whiskey-glas füllen.

2 Den Scotch und den Drambuie über die Eiswürfel gießen und die Zutaten kurz verrühren - fertig!

14

Bloody Mary

Pfeffer, frisch gemahlen
Selleriesalz
2 Spritzer Tabasco
3 Spritzer Worcester-Sauce
1 cl Zitronensaft
5 cl Wodka
12 cl Tomatensaft

Eiswürfel
1 Longdrinkglas
Barlöffel

1 Das Glas mit einigen Eiswürfeln füllen.

2 Pfeffer, Selleriesalz, den Tabasco und die Worcester-Sauce, den Zitro-nensaft, den Wodka und den Tomaten-saft dazugeben.

3 Mit dem Barlöffel in einer Spirale gut von unten nach oben rühren.

Fruchtig, spritzig & frisch

Erfrischende Drinks für heiße Nächte - nicht nur im Sommer. Ob Klassiker oder Modedrink, hier ist alles spritzig mit Champagner (Sekt), erfrischend mit viel Eis oder fruchtig-frisch mit verschiedensten Säften. Wenn da kein Urlaubsgefühl aufkommt. Ab in die Karibik!

Bellini

ZUTATEN FÜR 1 DRINK

**1 reifer weißer Pfirsich
eiskalter Sekt
1 Tropfen Grenadinesirup**

WAS SIE SONST NOCH BRAUCHEN

**1 Sektkelch
Küchensieb, Küchenmaschine oder
Mixer
Barlöffel**

1 Den Pfirsich dünn schälen. Das Fruchtfleisch des Pfirsichs in Spalten vom Kern schneiden und durch ein Küchensieb, in der Küchenmaschine oder im Mixer pürieren.

2 Das Fruchtpüree in den Sektkelch geben und das Glas mit Sekt auffüllen. Sekt und Pfirsichpüree mit dem Grenadinesirup verrühren.

Gin Fizz

ZUTATEN FÜR 1 DRINK

**1/2 Zitrone
6 cl Gin
2 cl Zuckersirup
Sodawasser**

WAS SIE SONST NOCH BRAUCHEN

**Eiswürfel
1 Longdrinkglas
Shaker
Barsieb
Saftpresse**

1 Den Saft der halben Zitrone in den Shaker gießen. Einige Eiswürfel, den Gin und den Zuckersirup dazugeben und alles etwa 10 Sekunden lang kräftig schütteln.

2 Durch das Barsieb ins Glas gießen und mit Soda auffüllen.

Pernod Alligator

ZUTATEN FÜR 1 DRINK

8 cl Orangensaft
8 cl Maracujasaft
2 cl Pernod
2 cl Curaçao Blue

ZUM GARNIEREN

1/2 Orangenscheibe

WAS SIE SONST NOCH BRAUCHEN

gestoßenes Eis
Eiswürfel
Shaker
1 Longdrinkglas
Barsieb
1 Trinkhalm

1 Etwa 8 Eiswürfel in den oberen Teil des Shakers füllen.

2 Die Säfte, den Pernod und den Curaçao Blue dazugeben. Den Shaker schließen und alles etwa 8 Sekunden kräftig schütteln.

3 Das Glas zu etwa einem Drittel mit gestoßenem Eis füllen. Die Mischung aus dem Shaker durch das Barsieb darauf abseihen.

4 Die halbe Orangenscheibe einschneiden und an den Glasrand stecken. Den Drink mit dem Trinkhalm sofort servieren.

Mojito

ZUTATEN FÜR 1 DRINK

3 cl Limettensaft, frisch gepresst
8 frische Minzeblätter
2 cl Zuckersirup
6 cl weißer Rum
1 Schuss Soda

ZUM GARNIEREN

1 Zweig frische Minze

WAS SIE SONST NOCH BRAUCHEN

gestoßenes Eis
1 Longdrinkglas
Stößel
Barlöffel
1 Trinkhalm

1 Den Limettensaft, die Minzeblätter und den Zuckersirup in das Glas geben. Das Ganze mit dem Stößel etwas zerdrücken, damit die Minzeblätter ihr Aroma entfalten.

2 Den Rum dazugießen und das Glas mit gestoßenem Eis auffüllen.

3 Alles mit einem Schuss Soda abspritzen und mit dem Barlöffel von oben nach unten kurz verrühren.

4 Den Drink mit dem Minzezweig garnieren und mit dem Trinkhalm servieren.

Zuckersirup selbst machen:

+250 g Zucker mit 600 ml Wasser in einem Topf aufkochen. Eine Minute kochen lassen. Es sollten alle Zuckerkristalle gelöst sein. Den abgekühlten Sirup in Flaschen gießen. Er hält sich mehrere Wochen.

TIPP

Sie können den Mojito auch wie beim Caipirinha beschrieben mit braunem Zucker zubereiten. Dafür anstatt Zuckersirup einen gehäuften EL braunen Zucker ins Glas geben und besonders gründlich mit dem Stößel zerdrücken.

Apple Daisy

ZUTATEN FÜR 1 DRINK

1/2 Zitrone
2 cl Wodka
2 cl Apfelschnaps
1 TL Puderzucker
1 TL Grenadinesirup
Sodawasser

ZUM GARNIEREN

Früchte der Saison

WAS SIE SONST NOCH BRAUCHEN

gestoßenes Eis
Eiswürfel
1 Weißweinglas
Shaker
Barsieb
Saftpresse
1 Strohhalm

1 Die halbe Zitrone auspressen.

2 Das Glas knapp randvoll mit dem gestoßenen Eis füllen.

3 Den Wodka, den Apfelschnaps, den Zitronensaft, den Puderzucker und weitere ca. 2 Eiswürfel in den Shaker geben. Den Grenadinesirup dazugeben. Fest verschließen und etwa 1 Minute schütteln, bis der Inhalt leicht schaumig ist.

4 Durch das Barsieb über das Eis ins Glas gießen. Mit etwas Sodawasser auffüllen. Den Drink mit frischen Früchten garnieren und mit dem Strohhalm servieren.

Strawberry Daiquiri

ZUTATEN FÜR 1 DRINK

5 mittelgroße Erdbeeren
1 cl Erdbeersirup oder Erdbeerlikör
2 cl Zuckersirup
3 cl Zitronen- oder Limettensaft
5 cl weißer Rum

ZUM GARNIEREN

1 Erdbeere

WAS SIE SONST NOCH BRAUCHEN

Eiswürfel
Mixer
Shaker
Barsieb
1 Cocktailschale oder 1 Stielglas

1 Die Erdbeeren, den Erdbeersirup oder -likör, den Zuckersirup, den Zitronen- oder Limettensaft und den Rum in den Mixer geben und gut durchmixen.

2 Einige Eiswürfel in den Shaker geben und die Mischung aus dem Mixer dazugießen. Den Shaker schließen und mindestens 10 Sekunden lang kräftig schütteln. Den Drink durch das Barsieb in das Glas gießen.

3 Die Erdbeere zum Garnieren einschneiden und an den Glasrand stecken.

Munich Sunset

ZUTATEN FÜR 1 DRINK

6 cl Maracujasaft
3 cl Cachaça
2 cl Peach Brandy (Pfirsichlikör)
gekühlter Champagner
1 cl Grenadinesirup

ZUM GARNIEREN

1 Orangenscheibe
1 Zweig frische Minze

WAS SIE SONST NOCH BRAUCHEN

Eiswürfel
gestoßenes Eis
Shaker
1 Longdrinkglas
Barsieb
1 Trinkhalm

1 Die Eiswürfel in den oberen Teil des Shakers füllen.

2 Den Maracujasaft, den Cachaça und den Peach Brandy dazugeben. Den Shaker schließen und alles etwa 8 Sekunden kräftig schütteln.

3 Das Glas zu etwa einem Drittel mit dem gestoßenen Eis füllen. Die Mischung aus dem Shaker durch das Barsieb darauf seihen und mit dem gut gekühlten Champagner auffüllen.

4 Den Grenadinesirup vorsichtig in den Drink gießen. Er soll sich deutlich absetzen.

5 Die Orangenscheibe einschneiden und an den Glasrand stecken. Den Drink mit dem Minzezweig garnieren und mit dem Trinkhalm servieren.

TIPP

Sie müssen den Munich Sunset nicht unbedingt mit Champagner zubereiten. Ersatzweise können Sie italienischen Prosecco oder trockenen Weißwein nehmen. Wichtig ist, dass das anregende Getränk schön kalt ist.

Tequila Sunrise

ZUTATEN FÜR 1 DRINK

6 cl weißer Tequila
1 cl Zitronensaft
12 cl Orangensaft
1 cl Grenadinesirup

ZUM GARNIEREN

1 Orangenscheibe

WAS SIE SONST NOCH BRAUCHEN

Eiswürfel
Shaker
Barsieb
1 Longdrinkglas
Barlöffel
2 Trinkhalme

1 Einige Eiswürfel und alle Zutaten außer dem Grenadinesirup im Shaker kräftig schütteln und durch das Barsieb in das Longdrinkglas auf weitere Eiswürfel absieben.

2 Den Grenadinesirup langsam mit dem Barlöffel auf den Drink gießen. Abwarten bis sich der Sirup auf dem Boden des Glases gesammelt hat und anschließend vorsichtig mit dem Barlöffel kurz aufrühren. Der Sirup bildet jetzt ein Farbspiel, das an den Sonnenuntergang erinnert.

3 Zum Servieren die Orangenscheibe einschneiden, an den Glasrand stecken und die Trinkhalme ins Glas geben.

TIPP

Wers besonders süß mag kann anstatt 1 cl Grenadine auch 2 cl nehmen. Der Sirup sorgt nicht nur für Geschmack und eine schöne Farbe, er süßt auch kräftig.

Die kenn ich schon. Bei denen herrscht Krawatten-zwang.

Southern Magic

ZUTATEN FÜR 1 DRINK

1 cl Grenadinesirup
1 cl Zitronensaft
6 cl Ananassaft
6 cl Orangensaft
3 cl brauner Rum
3 cl Southern Comfort

ZUM GARNIEREN

1 Ananasscheibe (frisch oder aus der Dose), 1 Minzezweig

WAS SIE SONST NOCH BRAUCHEN

Eiswürfel, Shaker, 1 Longdrinkglas Barsieb, 2 Trinkhalme

1 Einige Eiswürfel in den unteren Teil des Shakers füllen.

2 Den Grenadinesirup, die Säfte, den Rum und den Southern Comfort dazugeben, den Shaker schließen und mindestens 10 Sekunden lang kräftig schütteln.

3 Ein paar Eiswürfel ins Glas geben und den Inhalt des Shakers durch das Barsieb dazugießen.

4 Die Ananasscheibe einschneiden und an den Glasrand stecken. Mit dem Minzezweig dekorieren. Den Drink mit den Trinkhalmen servieren.

Pink Elephant

ZUTATEN FÜR 1 DRINK

1 cl Grenadinesirup
1 cl Zitronensaft
2 cl Bananensirup oder Bananenlikör
6 cl Grapefruitsaft
3 cl Maracujanektar
3 cl Orangensaft
4 cl brauner Rum

ZUM GARNIEREN

1 Orangenscheibe, 1 Zitronenscheibe
1 Kiwischeibe, geschält
1 Cocktailkirsche

WAS SIE SONST NOCH BRAUCHEN

Eiswürfel, Shaker, 1 Longdrinkglas Barsieb, 1 Cocktailspieß, 2 Trinkhalme

1 Einige Eiswürfel in den unteren Teil des Shakers füllen.

2 Die übrigen Zutaten dazugeben, den Shaker schließen, waagerecht halten und mindestens 10 Sekunden lang kräftig schütteln.

3 Weitere 3 Eiswürfel ins Glas geben und den Inhalt des Shakers durch das Barsieb darüber gießen.

4 Mit je 1 Orangen-, Zitronen- und Kiwischeibe den Drink garnieren, mit dem Cocktailspieß eine Cocktailkirsche daran befestigen und die Trinkhalme dazustecken.

Sauer, bitter & stark

Das kann ja heiter werden.
Wenn sauer wirklich lustig
macht, garantiert dieses
Kapitel Spaß pur.
Drinks mit viel Zitrone
oder Limette für den
sauren Geschmack,
mit Angostura
oder Campari für die
bittere Note oder
starke Sachen mit ganz
vielen Prozenten.
Da kann auch der harm-
loseste Zeitgenosse zum
Zombie werden.

Americano

Fellini

ZUTATEN FÜR 1 DRINK

4 cl Campari
2 cl Vermouth Rosso
Sodawasser

ZUM GARNIEREN:

1 Stück unbehandelte
Orangenschale

WAS SIE SONST NOCH BRAUCHEN:

Eiswürfel,
1 Longdrinkglas

1 In das Glas einige Eiswürfel geben.

2 Den Campari und den Vermouth dazugeben und das Glas mit Soda nach Belieben auffüllen. Leicht umrühren.

3 Die Orangenschale über dem Glas ausdrücken, damit die ätherischen Öle ins Glas tropfen. Dann die Schale ins Glas geben.

ZUTATEN FÜR 1 DRINK

1 cl Limettensaft, frisch gepresst
12 cl Grapefruitsaft
4 cl Ananassaft
1/2 cl Mandelsirup
4 cl Campari

ZUM GARNIEREN:

1 Grapefruitschnitz
1 Zweig frische Minze

WAS SIE SONST NOCH BRAUCHEN:

Eiswürfel, gestoßenes Eis, Shaker,
1 Longdrinkglas, Barsieb, 1 Trinkhalm

1 Die Eiswürfel in den oberen Teil des Shakers füllen.

2 Den Limettensaft, den Grapefruitsaft, den Ananassaft, den Mandelsirup und den Campari dazugeben. Den Shaker schließen und etwa 8 Sekunden kräftig schütteln.

3 Das Longdrinkglas zu etwa einem Drittel mit gestoßenem Eis füllen. Den Inhalt des Shakers durch das Barsieb darauf abseihen.

4 Den Grapefruitschnitz einschneiden und an den Glasrand stecken. Den Drink mit dem Minzezweig garnieren und mit dem Trinkhalm servieren.

VARIANTE
Campari kann auch durch Aperol ausgetauscht werden. Er ist heller in der Farbe, etwas weniger bitter und enthält nur 11 % Alkohol.

Martini (Dry) Cocktail

ZUTATEN FÜR 1 DRINK

6 cl gekühlter Gin
1 cl Vermouth Extra Dry

ZUM GARNIEREN

1 große grüne Olive (ungefüllt und in Salzlake eingelegt)

1 Das Rührglas zu zwei Dritteln mit Eiswürfeln füllen.

2 Den Gin und den Vermouth dazugeben. Mit dem Barlöffel etwa 6 Sekunden kräftig verrühren, damit der Cocktail kalt, aber nicht verwässert wird.

WAS SIE SONST NOCH BRAUCHEN

Eiswürfel
Rührglas
Barlöffel
Barsieb
1 gut vorgekühltes Cocktailglas

3 Die Mischung durch das Barsieb in das Cocktailglas abseihen.

4 Die Olive (ohne Sticker!) vorsichtig in das Glas geben.

32

Manhattan

ZUTATEN FÜR 1 DRINK

4 cl Bourbon Whiskey
2 cl italienischer Vermouth
1 Spritzer Angostura-Bitter

ZUM GARNIEREN

1 Cocktailkirsche

1 Einige Eiswürfel ins Rührglas geben. Den Bourbon, den Vermouth und den Angostura-Bitter dazugeben und kräftig rühren.

WAS SIE SONST NOCH BRAUCHEN

Eiswürfel
1 gefrostetes Whiskeyglas
Rührglas
Barsieb
Barlöffel

2 Mischung durch das Barsieb ins Whiskeyglas gießen. Mit der Cocktailkirsche garnieren.

Margarita   Gimlet

Margarita

ZUTATEN FÜR 1 DRINK

1/2 Zitrone
1 EL Salz
4 cl Tequila
2 cl Curaçao Triple sec oder Cointreau

WAS SIE SONST NOCH BRAUCHEN

Eiswürfel
1 Weißweinglas
Shaker
Barsieb
Saftpresse
1 Teller

1 Die halbe Zitrone auspressen und den Saft in den Shaker gießen.

2 Das Salz auf dem Teller verteilen. Den Rand des Glases mit der ausgedrückten Zitrone abreiben. Den Rand des Glases im Salz drehen, bis sich eine dünne Salzkruste bildet.

3 Den Tequila und den Curaçao Triple sec oder den Cointreau zu dem Zitronensaft in den Shaker gießen, einige Eiswürfel dazugeben und den Inhalt etwa 30 Sek. lang kräftig schütteln.

4 Den Drink vorsichtig durch das Barsieb ins Glas gießen, ohne die Salzkruste zu beschädigen. Beim Trinken vermischt sich der Drink im Mund mit dem Salz zu einem einzigartigen Genuss.

Gimlet

ZUTATEN FÜR 1 DRINK

4 cl Gin
2 cl Rose's Lime Juice
1 TL Puderzucker
Sodawasser

WAS SIE SONST NOCH BRAUCHEN

Eiswürfel
Rührglas
Barsieb
1 Longdrinkglas

1 Den Gin, den Rose's Lime Juice und den Puderzucker mit den Eiswürfeln ins Rührglas geben.

2 Alles gut umrühren und durch das Barsieb in das Longdrinkglas füllen. Wer es ganz eisig mag, gießt ohne Barsieb ab. Die Eiswürfel kommen dann mit ins Glas.

3 Den Drink auf Wunsch mit Soda verlängern.

Whiskey Sour

ZUTATEN FÜR 1 DRINK

5 cl Bourbon Whiskey
3 cl Zitronensaft
1 cl Zuckersirup

ZUM GARNIEREN

1 Cocktailkirsche, 1/2 Orangenscheibe

WAS SIE SONST NOCH BRAUCHEN

Eiswürfel
Shaker
Barsieb
1 mittelgroßes Stielglas
Cocktailspieß

1 Einige Eiswürfel und alle Zutaten im Shaker kräftig schütteln und durch das Barsieb ins Glas abgießen.

2 Die Cocktailkirsche und die halbe Orangenscheibe auf den Spieß stecken und diesen über den Glasrand legen.

Horse's Neck

ZUTATEN FÜR 1 DRINK

6 cl Bourbon Whiskey
1 Spritzer Angostura-Bitter
Ginger Ale

ZUM GARNIEREN

1 unbehandelte Zitrone

WAS SIE SONST NOCH BRAUCHEN

Eiswürfel
1 Longdrinkglas
Barlöffel
1 Trinkhalm

1 Die Eiswürfel in das Glas geben. Die Zitrone gründlich waschen und abtrocknen. Mit einem scharfen Messer die Zitrone spiralförmig und möglichst dünn schälen. Zitronenspirale zu den Eiswürfeln ins Glas geben.

2 Den Whiskey und einen Spritzer Angostura dazugeben. Mit Ginger Ale auffüllen.

3 Die Mischung mit dem Barlöffel kurz verrühren und mit dem Trinkhalm servieren.

Mai Tai

ZUTATEN FÜR 1 DRINK

3 cl Limettensaft
1 cl Mandelsirup
2 cl Curaçao Triple Sec oder Cointreau
6 cl brauner Rum

ZUM GARNIEREN

1 Cocktailkirsche
1 Stück Ananas
1 Minzezweig

WAS SIE SONST NOCH BRAUCHEN

Eiswürfel
gestoßenes Eis
1 übergroßes Whiskeyglas
Shaker
Barsieb
2 kurze Trinkhalme

1 Das Glas zur Hälfte mit gestoßenem Eis füllen.

2 Einige Eiswürfel und alle Zutaten in den Shaker geben. Den Shaker schließen und mindestens 10 Sekunden lang kräftig schütteln. Den Inhalt durch das Barsieb in das Glas gießen. Kurz umrühren.

3 Die Trinkhalme ins Glas geben und den Drink mit der Cocktailkirsche, der Ananas und dem Minzezweig garnieren.

4 Der Mai Tai ist ein sehr empfindlicher Drink. Wegen der Intensität der einzelnen Zutaten muss man beim Abmessen sehr genau sein. Wem der Cocktail noch zu süß ist gibt etwas mehr Limettensaft zu.

Zombie

ZUTATEN FÜR 1 DRINK

2 cl **Grenadinesirup**
2 cl **Maracujasirup**
2 cl **Zitronensaft**
4 cl **Orangensaft**
4 cl **Ananassaft**
2 cl **Peach Brandy (Pfirsichlikör)**
4 cl **weißer Rum**
4 cl **brauner Rum**
2 cl **hochprozentiger Rum**
(70-73% Vol.)

ZUM GARNIEREN

1 **Ananasstück**
1 **Minzezweig**

WAS SIE SONST NOCH BRAUCHEN

Eiswürfel
gestoßenes Eis
1 **großes Longdrinkglas**
Shaker
Barsieb
2 **Trinkhalme**

1 Das Glas zur Hälfte mit gestoßenem Eis füllen.

2 Die Eiswürfel und alle übrigen Zutaten in den Shaker geben. Shaker schließen, waagerecht halten und alles mindestens 10 Sekunden lang kräftig schütteln. Inhalt durch das Barsieb ins Glas gießen und leicht umrühren.

3 Mit dem Ananasstück und dem Minzezweig garnieren. Die Trinkhalme dazugeben.

TIPP

Dank der vielen Zutaten erlaubt der Zombie ein großes Maß an Kreativität. Sie können verschiedene Sirups oder Säfte verwenden. Besonders eignen sich Maracuja-, Papaya-, Mango- und Grapefruitsaft. Anstatt Peach Brandy können Sie auch Curaçao Triple Sec, Cointreau- oder Apricot Brandy verwenden.

Singt der jetzt falsch oder hört sich das nur so an nach dem dritten Zombie?!

Sahnig,
cremig & süß

Und was bitte gibt's zum Nachtisch?

Darf's heute mal ein Cocktail sein?

In diesem Kapitel sind alle

Schleckermäuler genau richtig.

Kokos, Sahne, Sirup und Likör

lassen süße Träume wahr werden.

Cocktails zum schwach werden -

nicht nur für Damen!

Stinger

Alexander

ZUTATEN FÜR 1 DRINK

4 cl Weinbrand oder Cognac
2 cl Crème der Menthe, weiß

WAS SIE SONST NOCH BRAUCHEN

Eiswürfel
1 gefrostetes Cocktailglas
Shaker
Barsieb

1 Einige Eiswürfel, den Weinbrand oder Cognac und die Crème de Menthe in den Shaker geben und 15-20 Sekunden schütteln.

2 Den Inhalt des Shakers durch das Barsieb ins gefrostete Glas gießen und den Drink servieren.

ZUTATEN FÜR 1 DRINK

3 cl Weinbrand oder Cognac
3 cl Crème de Cacao, braun
3 cl Sahne

ZUM GARNIEREN

Muskatnuss, frisch gerieben

WAS SIE SONST NOCH BRAUCHEN

gestoßenes Eis
1 gefrostetes Cocktailglas
Shaker
Barsieb

1 Das gestoßene Eis in den Shaker geben.

2 Den Weinbrand oder Cognac, die Crème de Cacao und die Sahne in den Shaker gießen und etwa 20 Sekunden kräftig schütteln.

3 Den Inhalt des Shakers durch das Barsieb in das gefrostete Glas gießen und zum Schluss mit frisch geriebener Muskatnuss bestreuen. Wer's ganz eisig mag, kippt etwas von dem zerstoßenen Eis mit ins Glas.

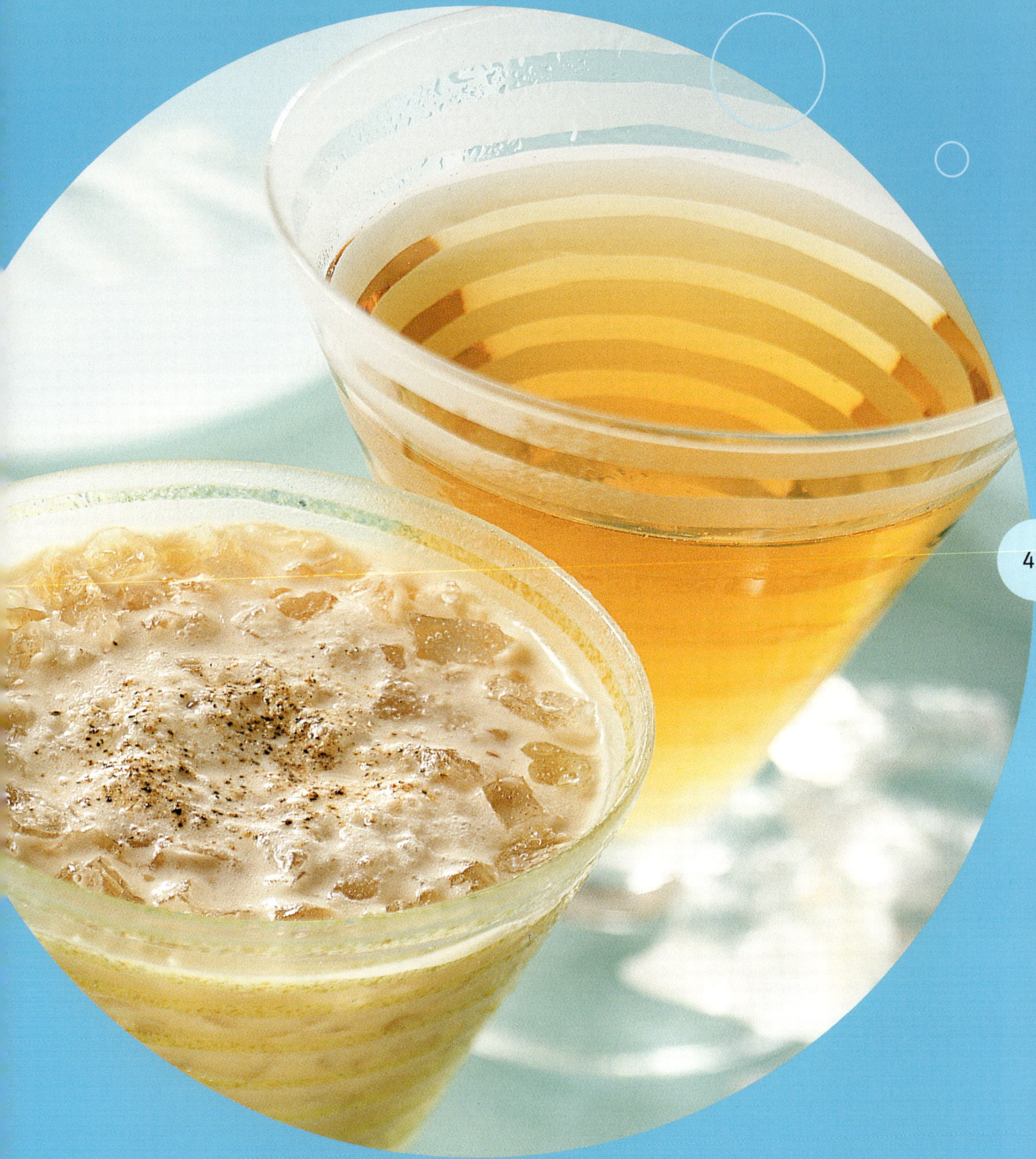

Swimming-Pool

ZUTATEN FÜR 1 DRINK

4 cl weißer Rum
2 cl Wodka
2 cl Cream of Coconut oder Kokossirup
1 cl Sahne
4 cl Ananassaft
1 TL Blue Curaçao

ZUM GARNIEREN

1 Ananasscheibe, 1 Cocktailkirsche

WAS SIE SONST NOCH BRAUCHEN

Eiswürfel, gestoßenes Eis
1 Longdrinkglas, Shaker, Barsieb
1 Strohhalm

1 Das Longdrinkglas randvoll mit gestoßenem Eis füllen.

2 Rum, Wodka, Cream of Coconut oder Kokossirup, Sahne und Ananassaft mit Eiswürfeln im Shaker etwa 20 Sekunden lang schütteln. Den Drink durch das Barsieb ins Glas gießen.

3 Zum Schluss den Blue Curaçao vorsichtig über den Drink fließen lassen.

4 Den „Swimming-Pool" mit der geschälten Ananasscheibe und der Kirsche garnieren und mit dem Strohhalm servieren.

Grasshopper

ZUTATEN FÜR 1 DRINK

3 cl Crème de Menthe, grün
3 cl Crème de Cacao, weiß
4 cl Sahne

ZUM GARNIEREN

1 Minzezweig

WAS SIE SONST NOCH BRAUCHEN

Eiswürfel
Shaker
Barsieb
1 Cocktailschale

1 Einige Eiswürfel und alle Zutaten im Shaker etwa 10 Sekunden schütteln. Den Drink durch das Barsieb in die Cocktailschale abgießen.

2 Zum Garnieren die Minze auf den fertigen Drink legen und sofort servieren.

Lady's Dream

ZUTATEN FÜR 1 DRINK

3 cl Bourbon Whiskey
3 cl Curaçao Triple Sec oder Cointreau
2 cl Erdbeersirup
3 cl Ananassaft
3 cl Sahne

ZUM GARNIEREN

1 Erdbeere
1 Zweig frische Zitronenmelisse

WAS SIE SONST NOCH BRAUCHEN

Eiswürfel
Shaker, Barsieb, 1 Cocktailschale

1 Einige Eiswürfel und alle Zutaten in den Shaker geben. Das Ganze kräftig schütteln und durch das Barsieb in die Cocktailschale abseihen.

2 Die Erdbeere und den Melissenzweig an den Glasrand stecken.

Orangenflip

ZUTATEN FÜR 1 DRINK

2 cl Eierlikör
4 cl Orangensaft
1 cl Limettensaft, frisch gepresst
1 cl Curaçao Triple Sec oder Cointreau
2 cl kalte Milch

ZUM GARNIEREN

Muskatnuss, frisch gerieben

WAS SIE SONST NOCH BRAUCHEN

Eiswürfel
1 Stielglas oder Sektkelch
Shaker
Barsieb

1 Einige Eiswürfel in den Shaker geben. Eierlikör, Orangensaft, Limettensaft und Curaçao Triple Sec oder Cointreau in den Shaker geben und kurz schütteln. Die Milch dazugeben und alles nochmal etwa 10 Sekunden kräftig durchschütteln.

2 Den Drink durch ein Barsieb ins Glas abgießen und mit etwas Muskatnuss bestreuen.

47

Piña Colada

ZUTATEN FÜR 1 DRINK

5 cl Cream of Coconut oder Kokossirup
10 cl Ananassaft
6 cl weißer Rum

ZUM GARNIEREN

1 Ananasstück, 1 Cocktailkirsche

WAS SIE SONST NOCH BRAUCHEN

gestoßenes Eis, Mixer
1 Longdrinkglas, 2 Trinkhalme
1 Cocktailspieß

1 Die Cream of Coconut oder den Kokossirup, den Ananassaft und den Rum in den Mixer geben und gut durchmixen. Das Trinkglas zur Hälfte mit dem gestoßenen Eis füllen und die Mischung aus dem Mixer dazugießen.

2 Die Trinkhalme dazugeben und mit diesen den Drink gut umrühren.

3 Das Ananasstück einschneiden und an den Glasrand stecken. Mit dem Cocktailspieß eine Cocktailkirsche an das Ananasstück spießen.

Fluffy Duck

ZUTATEN FÜR 1 DRINK

3 cl Gin
3 cl Eierlikör
2 cl Curaçao Triple Sec oder Cointreau
2 cl Orangensaft
Soda

ZUM GARNIEREN

je 1 Orangen- und Zitronenscheibe

WAS SIE SONST NOCH BRAUCHEN

Eiswürfel
Shaker
1 Longdrinkglas

1 Einige Eiswürfel in den Shaker geben. Alle Zutaten bis auf die Soda dazugeben und kräftig schütteln.

2 In ein Longdrinkglas etwa 4 Eiswürfel füllen und den Drink darauf gießen. Mit Soda auffüllen.

3 Die Orangen- und die Zitronenscheibe einschneiden und am Glasrand feststecken.

Alkoholfrei

Und wer fährt heute Abend?
Egal - leckere Milchshakes, spritzige
Limonade und fruchtige Drinks machen
gute Laune am Abend.
Und am nächsten Morgen?
Wartet garantiert kein Kater!

Pussy Foot

ZUTATEN FÜR 1 DRINK

1 cl Grenadinesirup
6 cl Ananassaft
6 cl Orangensaft
6 cl Grapefruitsaft

ZUM GARNIEREN

1/4 Ananasscheibe
1 Cocktailkirsche

WAS SIE SONST NOCH BRAUCHEN

**Eiswürfel, Shaker, Barsieb, 1 Long-
drinkglas, Cocktailspieß, 2 Trinkhalme**

1 Einige Eiswürfel und alle Zutaten im Shaker kräftig schütteln und durch das Barsieb ins Glas auf weitere Eiswürfel abgießen.

2 Das Ananasstück einschneiden, an den Glasrand hängen und mit dem Spieß die Kirsche daranstecken. Die Trinkhalme ins Glas geben.

Summerday

ZUTATEN FÜR 1 DRINK

4 mittelgroße Erdbeeren
2 cl Erdbeersirup
2 cl Zitronensaft
6 cl Orangensaft
6 cl Ananassaft

ZUM GARNIEREN

1/4 Zitrone
1 Erdbeere

WAS DIE SONST NOCH BRAUCHEN

gestoßenes Eis
Mixer, 1 Longdrinkglas
1 Trinkhalm

1 Die Erdbeeren waschen und entstielen. Zusammen mit dem Erdbeersirup, dem Zitronensaft, dem Orangensaft und dem Ananassaft in den Mixer geben. Alles etwa 15 Sekunden gut durchmixen.

2 Das Eis dazugeben und den Mixer nochmals etwa 10 Sekunden laufen lassen.

3 Die Mischung in das Glas abgießen und die Erdbeere an den Glasrand stecken. Mit dem Trinkhalm servieren.

Mexican Lover

ZUTATEN FÜR 1 DRINK

4 cl Limettensaft
4 cl Orangensaft
6 cl Eistee

WAS SIE SONST NOCH BRAUCHEN

Eiswürfel
1 Longdrinkglas

1 Einige Eiswürfel in das Longdrinkglas geben. Alle Zutaten in der angegebenen Reihenfolge ins Glas geben. Die Limettenscheibe an den Glasrand stecken.

TIPP

Anstatt des Eistees schmeckt auch eiskalter Früchte- oder Rotbuschtee. Selbst zubereiteten Tee sollten Sie frühzeitig vorbereiten und kalt stellen, nach Belieben süßen.

Mint Lemonade

ZUTATEN FÜR 1 DRINK

1 cl Zitronensaft
2 cl Pfefferminzsirup
Tonic Water

ZUM GARNIEREN

1-2 EL Pfefferminzsirup
1-2 EL Zucker

2 Zitronenscheiben
1 Minzezweig

WAS SIE SONST NOCH BRAUCHEN

Eiswürfel
1 großes Kelchglas
Barlöffel
1 Trinkhalm

1 Pfefferminzsirup auf einen kleinen Teller geben, den Rand des Glases darin drehen, bis er gleichmässig befeuchtet ist. Das Glas in einen zweiten Teller mit Zucker drücken, so dass ein grüner Zuckerrand entsteht.

2 Das Glas zur Hälfte mit Eiswürfeln füllen. Zitronensaft und Pfefferminzsirup dazugeben und mit dem Barlöffel verrühren. Mit Tonic Water auffüllen und nochmals leicht umrühren.

3 Die Zitronenscheiben an den Glasrand stecken. Mit dem Minzezweig und dem Trinkhalm servieren.

Cherry Colada

ZUTATEN FÜR 1 DRINK

2 cl Cream of Coconut oder Kokossirup
1 cl Kirschsirup
1 cl Zitronensaft
8 cl Sauerkirschnektar
6 cl Ananassaft

ZUM GARNIEREN

1/2 Scheibe Ananas

WAS SIE SONST NOCH BRAUCHEN

Eiswürfel
Shaker, 1 Longdrinkglas, Barsieb
1 Trinkhalm

1 Einige Eiswürfel in den Shaker geben. Die Cream of Coconut oder den Kokossirup, den Kirschsirup, den Zitronensaft, den Sauerkirschnektar und den Ananassaft dazugießen. Etwa 15 Sekunden schütteln.

2 Eiswürfel in das Glas geben und die Mischung durch das Barsieb darauf abgießen.

3 Die Ananas einschneiden und an den Glasrand stecken. Den Drink mit dem Trinkhalm servieren.

Black Shadow

ZUTATEN FÜR 1 DRINK

12 cl kalte Milch
6 cl schwarzer Johannisbeersaft
6 cl Sanddornsaft
1 TL Zucker

ZUM GARNIEREN

2 Blättchen Zitronenmelisse

WAS SIE SONST NOCH BRAUCHEN

Eiswürfel
Mixer
1 Longdrinkglas
1 Trinkhalm

1 Die Milch, den Johannisbeersaft, den Sanddornsaft und den Zucker in den Mixer geben. Alles etwa 15 Sekunden gut durchmixen.

2 4 Eiswürfel in das Glas geben und die Mischung darauf abgießen.

3 Mit der Zitronenmelisse garnieren und mit 1 Trinkhalm servieren.

Trauben Flip

ZUTATEN FÜR 1 DRINK

1 cl Himbeersirup
1 Eigelb
10 cl kalte Milch
10 cl kalter roter Traubensaft

ZUM GARNIEREN

1 kleine Traube blauer Trauben

WAS SIE SONST NOCH BRAUCHEN

Eiswürfel
Shaker, Barsieb, 1 Longdrinkglas
1 Trinkhalm

1 Einige Eiswürfel in den Shaker geben. Den Himbeersirup, das Eigelb, die Milch und den Traubensaft dazugeben. Alles etwa 15 Sekunden kräftig schütteln.

2 Die Mischung durch das Barsieb in das Glas abgießen.

3 Die Weintrauben an den Glasrand hängen und mit dem Trinkhalm servieren.

TIPP

Variante mit Schuss: Das Eigelb durch 2 EL Eierlikör ersetzen.

Bugs Bunny

ZUTATEN FÜR 1 DRINK

100 g Möhren
1/2 Bund Petersilie
100 g Buttermilch
schwarzer Pfeffer, frisch gemahlen
Salz

WAS SIE SONST NOCH BRAUCHEN

Mixer
1 Longdrinkglas

1 Die Möhren abbürsten, waschen und fein raspeln. Die Petersilie waschen, trockentupfen und ein Sträußchen für die Garnitur zurückbehalten. Den Rest fein hacken.

2 Die Möhren, die Petersilie und die Buttermilch in den Mixer geben und

alles etwa 15 Sekunden gut durchmixen. Mit Pfeffer und Salz abschmecken.

3 Die Mischung in das Glas gießen und mit dem Petersiliensträußchen garnieren.

REGISTER

> So finden Sie ganz schnell Ihren gewünschten Cocktail: Nicht nur die Namen der Drinks sind alphabetisch geordnet, auch die enthaltenen Spirituosen stehen im Register. Solls also lieber Gin, Wodka oder Rum sein? Um welche Art von Drink es sich handelt sagen Ihnen die Abkürzungen.

ABKÜRZUNGEN

AP: APERITIF
Vor dem Essen um den Magen zu öffnen. Er hat ein kleines Volumen und meist eine herbe Basis. Wenn's einfach pur sein soll: Sherry, Portwein oder Champagner.

DI: DIGESTIF
Soll nach dem Essen den Magen schließen oder die Verdauung anregen. Als Dessert passt ein großer süßer Cocktail. Ganz klassisch als kleine Verdauungshelfer: Schnaps oder Likör.

L: LONGDRINK
Haben viel Flüssigkeit. Alle möglichen Spirituosen werden mit Limonaden, Säften oder Soda verlängert bis sie „long" sind. Da hat man lange etwas davon.

CH: CHAMPAGNERDRINK
Sind für jede Gelegenheit geeignet, ob zum Frühstück, vor oder nach dem Essen oder für eine lange amüsante Nacht. Champagner-Cocktails sind nie fehl am Platz.

TD: TROPICAL DRINK
Die Spezialitäten aus der Karibik. Mit Nachos & Co ist der karibische Abend perfekt.

SO: SOUR
Sind konzentriert und sauer, deshalb eignen sie sich besonders als Muntermacher. Die klassische Basis ist Whiskey, andere Spirituosen eignen sich jedoch ebenfalls für Sours.

AF: ALKOHOLFREI
Alles ohne Alkohol!

FI: FIZZ
Bestehen aus einer Spirituose, Zitronensaft, Zuckersirup und Soda. Sie sind einfach und schnell gemacht und passen immer.

DER CARTOONIST

PETER GAYMANN, geb. 1950 in Freiburg im Breisgau, gehört zu den erfolgreichsten Cartoonzeichnern. Seit seinem 1984 erschienenen Cartoonband „Huhnstage" sind die Hühner zu seinem Markenzeichen geworden. Seinen Zeichnungen und Drucken wurden zahlreiche Ausstellungen gewidmet, sie erscheinen regelmäßig in Magazinen wie BRIGITTE und GONG sowie in vielen Zeitschriften, darunter verschiedene Kochzeitschriften. Gaymann lebt, nach einem mehrjährigen Aufenthalt in Rom, als freier Zeichner und Grafiker in Köln.

DER FOTOGRAF

MICHAEL BRAUNER Nach Abschluss der Fotoschule in Berlin arbeitete er als Fotoassistent bei namhaften Fotografen in Frankreich und Deutschland und machte sich dann 1984 selbständig. Sein individueller, atmosphärereicher Stil wird überall geschätzt: in der Werbung ebenso wie in vielen bekannten Verlagen. In seinem Studio in Karlsruhe setzte er die Rezepte zahlreicher GU-Titel stimmungsvoll ins Bild.

Weitere Informationen zu Peter Gaymanns Postkarten und Geschenkartikeln erhalten Sie bei:

Cartoon Concept (r)
Postfach 1269
30012 Hannover

BILDNACHWEIS

Alle Bilder:
Michael Brauner, Karlsruhe

REDAKTIONSLEITUNG:
Birgit Rademacker
TEXT: Beate Pfeiffer
REDAKTION: Stefanie Poziombka, Beate Pfeiffer
UMSCHLAGGESTALTUNG, LAYOUT UND TYPOGRAFIE:
Andrea Schmidt,
www.wildatart.de
HERSTELLUNG:
Helmut Giersberg
REPRODUKTION:
Repro Schmidt,
Dornbirn/ Austria
DRUCK UND BINDUNG:
Druckhaus Kaufmann, Lahr

ISBN 3-7742-4896-6

Auflage   5. 4.
Jahr   2006 05 04

GRÄFE
UND
UNZER

Ein Unternehmen der
GANSKE VERLAGSGRUPPE

DAS ORIGINAL MIT GARANTIE

Ihre Meinung ist uns wichtig. Deshalb möchten wir Ihre Kritik, gerne aber auch Ihr Lob erfahren. Um als führender Ratgeberverlag für Sie noch besser zu werden. Darum: Schreiben Sie uns! Wir freuen uns auf ihre Post und wünschen Ihnen viel Spaß mit Ihrem GU-Ratgeber.

UNSERE GARANTIE:

Sollte ein GU-Ratgeber einmal einen Fehler enthalten, schicken Sie uns das Buch mit einem kleinen Hinweis und der Quittung innerhalb von sechs Monaten nach dem Kauf zurück. Wir tauschen Ihnen den GU-Ratgeber gegen einen anderen zum gleichen oder ähnlichen Thema um.

Ihr Gräfe und Unzer Verlag

Redaktion Kochen
Postfach 86 03 25
81630 München
Fax: 089 / 419 81 - 113
e-mail:
leserservice@graefe-und-unzer.de

GU LIFESTYLE/KÜCHENRATGEBER
Da lachen nicht nur die Hühner

ISBN 3-7742-3269-5
80 Seiten | € 12,90 [D]

ISBN 3-7742-4909-1
80 Seiten | € 12,90 [D]

ISBN 3-7742-2134-0
64 Seiten | € 6,50 [D]

ISBN 3-7742-3267-9
64 Seiten | € 6,50 [D]

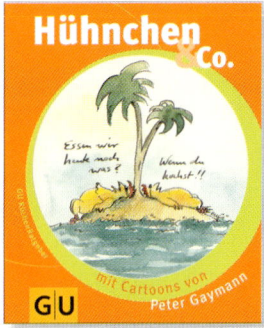

ISBN 3-7742-2600-8
64 Seiten | € 6,50 [D]

Körnchen für Körnchen Kochvergnügen
für Genießer und Peter Gaymann Fans

Gutgemacht. Gutgelaunt.

HANDWERKSZEUG

➤ Shaker und Barsieb für alle geschüttelten Cocktails. Wenn Eis mitgeschüttelt wird verhindert das Barsieb, dass Eis beim Abgießen mit ins Glas kommt und den Cocktail verwässert. Der untere Teil des Shakers kann als Rührglas verwendet werden.

➤ Messbecher zum Abmessen von 2 cl und 4 cl. Ein Schnapsglas mit 2 cl Eichung geht auch.

➤ Aus der Küche: Flaschenöffner, Löffel (am besten langstielig - als Barlöffel), Korkenzieher, Küchensieb, scharfes Messer und Schneidebrett.

GRUNDZUTATEN: SIRUPS

Sirups und Creams im großen Supermarkt oder im Getränkefachhandel einkaufen. Also rechtzeitig vor der Party besorgen!

➤ Grenadine
➤ Kokossirup (oder Cream of Coconut)
➤ Mandelsirup
➤ Erdbeersirup
➤ Bananensirup
➤ Pfefferminzsirup
➤ Roses Lime Juice
➤ Zuckersirup (selbst gemacht wie auf S. 21)

EIS

➤ Eis in großen Mengen herstellen. Ansonsten bestellen und kaufen: Das geht bei manchen Fischhändlern, Hotels oder auch Fastfood-Ketten

➤ Gestoßenes Eis: Eiswürfel in ein sauberes Küchenhandtuch verpacken und mit dem Hammer, Nudelholz oder ähnlichem darauf schlagen, bis die Eiswürfel schön klein sind.

DEKO

➤ Frische Früchte je nach Saison - auch mal mit den passenden Blättern - Minze, Zitronenmelisse, Cocktailkirschen, Zitronenschale, Oliven,...

➤ Cocktailspießchen helfen alles aufzuspießen und ans Glas zu hängen.

➤ Strohhalme: je nach Cocktailglas auf die passende Länge kürzen.

➤ Kristallrand: Wie's geht steht auf Seite 54.